EXAMEN

DU

PROJET DE LOI

SUR

LA PRESSE PÉRIODIQUE.

IMPRIMERIE ANTHELME BOUCHER,

RUE DES BONS-ENFANS, N°. 34.

EXAMEN

DU

PROJET DE LOI

SUR

LA PRESSE PÉRIODIQUE,

PAR

A. S. G. COFFINIERES,

Docteur en droit, avocat à la Cour-Royale de Paris.

PARIS.

DELAFOREST, LIBRAIRE, PLACE DE LA BOURSE,

RUE DES FILLES-ST.-THOMAS, N°. 7.

1828.

EXAMEN

DU

PROJET DE LOI

SUR

LA PRESSE PÉRIODIQUE.

***

Le projet de loi sur la presse périodique, que M. le Garde-des-Sceaux vient de présenter à la Chambre des Députés, nous promet d'importantes améliorations, dans cette législation spéciale ; mais il ne justifie pas toutes les espérances que les amis de l'ordre légal et des libertés publiques étaient fondés à concevoir.

Un esprit de fraude et de déception semble avoir présidé trop long-temps aux conceptions ministérielles : la franchise et la vérité doivent reprendre leurs droits imprescriptibles, quand on veut rentrer de bonne foi dans le système de la légalité.

Plus d'une fois la religion du prince a été trompée, par des préambules, contenant les pro-

messes les plus rassurantes et la profession la plus
formelle des vrais principes constitutionnels; tandis que les ordonnances auxquelles ils servaient
d'introduction étaient une violation manifeste des
principes proclamés, ou rendaient plus intolérable
l'état des personnes ou des choses que l'on annonçait avoir l'intention d'améliorer (1).

Ceux qui accueillent toujours avec défiance les
actes émanés de l'autorité ne manqueront pas de
faire des rapprochemens, entre l'exposé des motifs
du projet et le projet lui-même : et l'on ne peut se
dissimuler, qu'en effet, le préambule n'est pas
toujours d'accord avec les conclusions.

Mais ce n'est pas un motif pour suspecter la
loyauté du ministre qui l'a présenté. Chacun ren-
dra au contraire hommage au caractère honorable
du nouveau Garde-des-Sceaux, qui n'a été revêtu
du titre de chef de la justice, qu'après avoir été,
en quelque sorte, éprouvé dans l'exercice de la
pairie et dans les fonctions de la haute magistrature.

Les différences assez remarquables que l'on peut
signaler entre l'exposé des motifs et le projet de loi,
s'expliquent de plusieurs manières ; et à cet égard
il nous est permis de hasarder une conjecture.

Le projet a été délibéré en conseil des ministres ;

____

(1) On peut citer, comme un modèle en ce genre, l'or-
donnance du 20 novembre 1822, qui a soumis l'ordre
des avocats à une organisation nouvelle.

et s'il était l'ouvrage du Garde-des-Sceaux, il y a tout lieu de présumer que sa proposition première a dû subir plusieurs amendemens ; de telle sorte que le projet présenté à la Chambre des Députés est l'œuvre du ministère.

Il n'en est pas ainsi du discours prononcé à la tribune, avant la présentation du projet de loi : il est l'ouvrage du ministre seul ; et c'est ainsi qu'on peut raisonnablement se rendre compte du peu d'harmonie qui existe entre l'exposé des motifs du projet de loi et le projet lui-même.

Du reste, ceux qui auront à attaquer la loi présentée, soit dans ses bases principales, soit dans certaines dispositions de détail, pourront ainsi invoquer l'opinion du Garde-des-Sceaux lui-même, en puisant dans son discours les principes dont le projet se serait écarté, ou dont on aurait déduit de fausses conséquences.

Une première considération générale nous frappe, dans l'examen du nouveau projet de loi : c'est la relation nécessaire établie entre ses dispositions et celles de plusieurs lois antérieures.

Notre législation offre déjà trop d'exemples d'un abus qu'il est important de faire cesser.

Pour connaître leurs obligations et leurs droits, sur une matière quelconque, il est fâcheux que les citoyens soient obligés de consulter plusieurs lois successivement rendues et qui se modifient l'une par l'autre. Comme la loi est réputée connue, à l'instant même où elle est promulguée, pour que cette présomption ne soit pas inadmissible il faut que l'intention du législateur se soit manifestée, d'une manière claire et précise ; et c'est un vice capital dans toute législation, que la nécessité de recherches pénibles et d'une étude approfondie, pour savoir ce qui est permis et ce qui est défendu.

Les rédacteurs du Code civil ont senti ce besoin du siècle ; et il existe peu de matières réglées par ce Code, sur lesquelles il soit nécessaire de recourir aux anciens monumens de notre législation.

En matière criminelle, l'inconvénient est beaucoup plus grave, puisque l'ignorance ou l'infraction de la loi doit entraîner des conséquences fâcheuses pour la fortune, pour la liberté et même pour la vie des simples citoyens.

Ainsi, par exemple, il est affligeant que notre Code pénal présente des lacunes telles, que l'on cherche encore aujourd'hui la qualification de plusieurs contraventions et délits, ainsi que la peine dont ils sont passibles, dans une foule d'édits, de règlemens ou d'ordonnances dont plusieurs remontent au commencement du dernier siècle. La plupart de ces monumens de notre ancienne législation étaient inconnus à ceux-là même qui ont consacré leur vie à l'étude ou à l'application des lois : et un simple particulier devient justiciable des tribunaux correctionnels, pour avoir négligé de s'y conformer !

Depuis quelques années, les lois se sont succédées, avec une telle rapidité, sur certaines matières, que les hommes les plus éclairés éprouvent un véritable embarras, lorsqu'ils sont obligés d'examiner ces lois diverses, pour reconnaître les dispositions obligatoires dans chacune d'elles (1).

La presse a eu presque chaque année sa législation spéciale ; et dans cette succession non interrompue de lois et d'ordonnances, dont le dernier article abroge d'ordinaire la loi précédente, ou la maintient, *dans tout ce qui n'est pas contraire à ses dispositions*, on peut se demander, a chaque instant, si ce qui était permis, il y a quelques jours, l'est encore aujourd'hui.

On dirait que nos hommes d'état sont toujours pressés par le temps et par les circonstances ; qu'au lieu d'élever un édifice majestueux, sur des bases larges et solides, leur mission doit se réduire à poser çà et là quelques constructions mesquines et provisoires, avec des débris épars autour d'eux ; dans la prévoyance que ces constructions serviront elles-mêmes de matériaux à ceux qui auront plus

---

(1) Les lois et les ordonnances rendues sur la liberté de la presse, depuis la restauration, s'élèvent à plus de douze ; encore est-on souvent obligé de consulter plusieurs lois antérieures.

tard la volonté de refaire à neuf l'édifice de notre législation.

Sur une matière où de si nombreux essais ont déjà été faits, on doit être enfin arrivé à reconnaître ce qui est conforme à la Charte et aux besoins de l'époque. Il faut oublier ces demi-mesures, ces lois de circonstances, ces combinaisons de moyens préventifs et répressifs ; en un mot, il faut qu'une loi unique règle l'exercice du droit et la répression des abus, afin que cette loi constitue le *Code de la presse.*

Tel était le vœu de tous les bons esprits ; et le nouveau projet de loi est bien loin de le réaliser.

La plupart de ses articles se réfèrent à la loi du 9 juin 1819 ; et c'est dans cette dernière loi qu'il faut chercher tout ce qui est relatif aux cautionnemens à fournir par les propriétaires de journaux, ainsi que la fixation des amendes et autres condamnations qui peuvent intervenir contre eux.

Cependant cette loi, du 9 juin 1819, existe-t-elle aujourd'hui, dans toutes ses dispositions ?... Il est permis d'en douter, lorsqu'on remarque que la loi du 31 mars 1820, qui fixait elle-même son règne à une année, s'exprime ainsi dans son article 9 : « Les dispositions des lois du 17 mai, du 26 mai et du 9 juin 1819, auxquelles il n'est point dérogé par les articles ci-dessus, continueront à être exécutées. »

Ailleurs, les rédacteurs du nouveau projet, se

réfèrent à un article de la loi du 17 mai 1819, à laquelle il est d'ailleurs indispensable de recourir, puisque c'est elle qui a défini les crimes et délits de la presse; de telle sorte que, sans parler des dispositions du Code civil et du Code de commerce indiquées par plusieurs articles du projet, comme devant régler la capacité des éditeurs de journaux, ainsi que les actes d'association qui peuvent intervenir entre eux, il est indispensable d'étudier deux lois spéciales sur la matière, aussi bien que divers articles du Code pénal auxquels ces lois elles-mêmes se réfèrent, pour connaître l'état actuel de la législation sur la presse.

Enfin, le dernier article du projet prononce l'abrogation de la loi du 17 mars 1822, relative à la police des journaux et écrits périodiques.

Il importe aussi de savoir quelles étaient les dispositions de cette loi abrogée; et si l'on aime à se rappeler que c'est par elle qu'ont été inventés les procès de *tendance* contre les journaux rédigés dans un *mauvais esprit;* que c'est à elle aussi que l'on doit l'idée d'une *censure facultative* établie par la volonté de trois ministres, dans l'intervalle des sessions; l'on éprouve, en même temps, quelque regret de ce que les rédacteurs du nouveau projet de loi, au lieu de s'appesantir sur une foule de détails, n'aient pas jugé convenable de proclamer franchement ces deux grands principes: qu'il ne peut y avoir de poursuites relatives à la publication d'un ouvrage ou d'un journal, que lorsqu'elle est basée sur un crime ou délit caractérisé ; et que la censure est définitivement abolie.

Ces dispositions sont du nombre de celles qu'on aime à retrouver partout, et dans les termes les plus formels.

Voilà donc un premier reproche que nous adressons aux rédacteurs du nouveau projet : c'est de présenter une loi qui ne se suffit pas à elle-même, et qu'il faut expliquer et compléter, en recourant à plusieurs lois antérieures : ce n'est là sans doute qu'un vice de forme ; mais il est grave, car il ne saurait jamais y avoir trop de précision, dans le langage des lois. Ce n'est pas seulement par des hommes instruits et studieux, c'est par tous les citoyens qu'elles doivent être exécutées : il faut donc leur en rendre la connaissance facile ; et le meilleur moyen d'y parvenir, c'est de réunir, dans une seule série de dispositions, tout ce qui est obligatoire sur l'objet que le législateur a voulu régler.

Sur le fond même du projet, une objection plus sérieuse peut être présentée.

Nos lois ont déployé d'ordinaire une sorte de luxe, lorsqu'il s'est agi de consacrer des principes ; mais on a presque toujours trouvé le moyen de rendre, à cet égard, leurs dispositions illusoires, soit par le grand nombre d'exceptions apportées au principe général, soit par les difficultés et les obstacles de tout genre, dont on a eu le soin d'accompagner leur application.

C'est ainsi que la liberté individuelle a été proclamée par toutes les constitutions qui se sont succédées en France; et que ce droit précieux s'est trouvé toujours paralysé par la faculté accordée aux tribunaux de priver de sa liberté, non seulement le citoyen qui n'est pas encore condamné, mais celui-là même qui n'est pas l'objet d'une accusation régulière.

C'est ainsi encore, qu'au mépris de la Charte, qui a formellement compris la liberté de la presse au nombre de nos droits constitutionnels, sous le prétexte de *prévenir* des délits dont elle autorisait seulement la *répression*, la censure a été instituée par une foule de lois successives; de telle sorte qu'on n'a joui de la liberté de la presse qu'à de courts intervalles, et comme par exception.

Sans doute, les rédacteurs du nouveau projet, en supprimant la censure, ont voulu rentrer dans les voies légales; car toute mesure préventive, tout obstacle apporté à la libre publication d'un écrit, est une infraction formelle au principe posé par la Charte.

Mais ils paraissent n'y être rentrés qu'avec une sorte d'hésitation, et comme obligés de céder à ce mouvement de l'opinion générale, dont les hommes placés à la tête des affaires ne sauraient méconnaître l'influence : expliquons et développons notre pensée.

L'article 1er. du projet est ainsi conçu : « Tout » Français, majeur, jouissant des droits civils » pourra, sans autorisation préalable, publier un « journal ou écrit périodique, en se conformant » aux dispositions de la présente loi. »

Pour apprécier l'utilité et la convenance des dispositions subséquentes, il faut s'adresser cette première question : l'article 1er. contient-il *la reconnaissance d'un droit*, ou *la concession d'une faveur ?*

Dans le premier cas, on n'aura dû subordonner l'exercice d'un droit reconnu qu'à des conditions peu onéreuses, et que l'intérêt public pourra rendre indispensables. Dans le second cas, au contraire, le gouvernement sera libre de subordonner à des conditions plus ou moins rigoureuses la faveur par lui accordée.

Or, on ne pense pas qu'il puisse y avoir la moindre incertitude sur ce point : par cela seul que la Charte accorde à chacun le droit de publier ses pensées et ses opinions, elle l'autorise à employer le mode de publication qui lui paraît le plus convenable ; et comme l'émission d'un journal ou écrit périodique est un des modes de publication consacrés par l'usage, le droit de publier un journal découle, comme *conséquence immédiate et nécessaire*, du principe proclamé par la Charte.

Ce n'est donc pas une faveur que le projet accorde, mais un droit qu'il consacre, dans son article 1er. ; et quoiqu'on doive de la reconnaissance à
un ministère, qui répudie enfin l'arbitraire et le
système exceptionnel, il n'en faut pas moins reconnaître qu'il ne fait que rentrer dans les termes
du droit commun, en restituant aux citoyens un
droit qui leur appartient, un droit dont ils n'a-
vaient pu être privés, que par des lois temporaires,
en opposition manifeste avec le pacte constitutionnel.

Cela posé, voyons ce que porte l'article 8 de la
Charte: « Les Français ont le droit de publier et de
» faire imprimer leurs opinions, *en se conformant*
» *aux lois qui doivent réprimer les abus de cette*
» *liberté.* »

Les devoirs des législateurs appelés à s'occuper
de cette matière importante se trouvent, en quelque
sorte tracés, par la disposition qu'on vient de trans-
crire.

Le monarque législateur n'ignorait pas que
l'abus se trouve souvent à côté du droit; et que
si le premier doit être protégé, l'abus doit être
réprimé, dès qu'il présente un caractère grave.

Il avait aussi pensé qu'il y aurait du danger à
permettre de *prévenir* cet abus, qui n'existe pas,
tant qu'il ne s'est pas manifesté; puisque ce serait
toujours un prétexte, pour paralyser l'exercice du
droit lui-même; et il a fallu qu'il se trouvât plus

tard des esprits assez subtils, pour prétendre que les mots *prévenir* et *réprimer* étaient synonymes, afin de colorer la violation de la Charte, par l'établissement de la censure.

Aujourd'hui que les mots ont repris leur acception ordinaire, ce système interprétatif ne trouverait plus de partisans ; et il faut en revenir à cette idée simple, conforme *à la lettre* comme *à l'esprit* de la Charte : que les lois sur la liberté de la presse périodique ou non périodique doivent se borner à caractériser et punir les crimes et délits qui peuvent être commis par cette voie.

Est-ce là le but que se sont proposé les rédacteurs du projet présenté à la Chambre des Députés ?

Sans doute, dans la série des articles dont ce projet se compose, il en existe plusieurs qui portent des peines à infliger, et sur lesquels nous ferons plus tard quelques observations : mais il y en a plusieurs autres (les articles 2 et suivans jusqu'à l'article 13) qui indiquent les diverses conditions à remplir, par ceux qui veulent user du droit que l'article 1er. leur accorde, de publier un journal ou écrit périodique.

Si l'on veut se renfermer religieusement dans les principes constitutionnels, toute cette partie de la loi nouvelle doit être supprimée. Une autorité supérieure à celle de la loi, la Charte que le pouvoir législatif lui-même n'a pas la faculté de révoquer ou de modifier, ayant créé un droit d'une manière absolue et générale, l'exercice de ce droit n'a pu être soumis depuis à aucune condition.

Mais, dit-on, les journaux ou leurs éditeurs peuvent commettre des délits, et il importe que l'autorité ait dans ce cas le moyen de les atteindre : plusieurs fois dans des procès de ce genre on a été réduit à frapper des innocens, il faut que les vrais coupables ne puissent se soustraire à l'action de la justice.

Il est affligeant sans doute, qu'en matière de délits de la presse, comme dans une autre circonstance quelconque, un innocent ait subi une peine qu'il n'avait pas méritée : mais s'est-on jamais avisé de demander à un citoyen *jouissant de la plénitude de ses droits*, des nantissemens et des garanties, pour le cas où il se rendrait plus tard coupable d'un délit quelconque ? Nous n'avons jamais vu un tel principe appliqué qu'à ceux qui se trouvent dans un état de *suspicion légitime*, à ceux qui, par suite d'une condamnation judiciaire, sont placés sous la surveillance de la haute police ; et l'on ne sait pas pourquoi une exception serait établie, à l'égard de ceux qui, même par spéculation, se livrent à la publication d'un journal.

Dans toutes les positions sociales, dans toutes les professions où l'on exerce son talent ou son industrie, chacun peut commettre des délits soit contre l'intérêt public, soit contre l'intérêt privé : la constatation de ce délit peut donner lieu à des

amendes plus ou moins considérables ; et cependant on ne s'était jamais avisé de dire à personne :
« Déposez dans les caisses du fisc une partie de
votre fortune, et même les capitaux de vos amis,
pour répondre des amendes qui pourront être
prononcées contre vous, dans l'exercice de votre
profession : sans ce dépôt préalable, il ne vous
sera pas permis de l'exercer. »

On insiste : dans aucune position, dira-t-on,
l'occasion de commettre un délit, ne peut se présenter si fréquemment que dans l'usage de la presse
périodique.

Cette objection n'est pas fondée en fait ; le com-
mandant militaire peut compromettre le salut de
l'État, soit par des intelligences avec l'ennemi, soit
par l'abandon du poste qui lui est confié ; le magis-
trat auquel la loi accorde le droit de décerner des
mandats d'arrêt, peut tous les jours abuser de son
pouvoir ; le dépositaire de la force publique peut en
faire un usage dangereux et contraire à l'esprit de
son institution ; dans une autre série d'idées, le phar-
macien a la facilité de distribuer des poisons, au
lieu des remèdes bienfaisans que l'on venait lui demander ; le capitaliste qui aide de ses fonds et de
son crédit le propriétaire et le négociant embarrassé
dans ses affaires, peut se livrer habituellement à
l'usure, ce délit aussi funeste aux particuliers que
profitable au fisc, puisqu'il lui procure de fortes
amendes ; le graveur et le chimiste peuvent em-

ployer les secrets de leur art à altérer ou à contre-
faire la monnaie de l'État.....

Voilà certes des délits et des crimes bien autrement graves, dans leurs conséquences, que la publication du plus mauvais article de journal, dont
le bon sens public fait toujours justice, et que l'on,
aurait dès-lors beaucoup plus d'intérêt à prévenir ;
mais comme la loi ne doit réprimer que les actes
extérieurs ; qu'on ne peut frapper un citoyen d'une
sorte de suspicion, par cela seul que sa profession
ou sa position sociale lui donne plus de facilité
pour se rendre coupable, on n'exige pas de cautionnement pour l'exercice des fonctions publiques
ou des professions diverses que nous venons d'in-
diquer.

Les charges que l'état social impose à chacun des
membres de la grande famille ne sont jamais illusoires ; et, sans parler de la restriction de ces droits
que l'homme tient de la nature, chacun doit à
l'État le sacrifice d'une partie de sa fortune, pour
fournir aux dépenses publiques, et même de sa
vie , quand le territoire de la patrie est menacé.

De tels sacrifices ne peuvent être sans compen-
sation. Le citoyen en trouve le prix, dans les garanties que lui offre l'État, pour la conservation
de ses droits les plus précieux, la propriété et la
liberté ; non cette liberté qui ne connaît ni règle ni
limites., cette liberté sauvage, incompatible avec
l'état social, mais cette liberté qui consiste à faire

tout ce qui ne blesse ni l'intérêt public, ni l'intérêt privé; cette liberté civile qui est l'apanage du citoyen, c'est-à-dire de l'homme civilisé ; cette liberté dont la loi doit protéger l'usage, mais dont elle doit réprimer les abus.

Ces droits, que la société doit garantir à chacun, ne sont, comme on vient de le dire, que le prix des sacrifices qu'elle exige; la concession doit donc en être gratuite, à l'égard de celui qui supporte les charges publiques. Les soumettre à des conditions nouvelles, ou ne les accorder qu'à ceux qui devraient les payer une seconde fois, soit par l'abandon d'une partie de leur fortune, soit par des sacrifices d'un autre genre, ce serait violer le pacte social et méconnaître ce principe de réciprocité qui est la base des contrats politiques, comme des conventions privées.

Ainsi, avant d'examiner le projet dans ses détails, nous l'attaquons par sa base. En reconnaissant à chacun le droit de publier un journal ou écrit périodique, il devait se borner à prévoir et à punir les abus commis dans l'usage de ce droit, et non en subordonner l'exercice à des conditions plus ou moins onéreuses.

Si les délits de la presse périodique excitent, plus vivement que tous les autres, la sollicitude du législateur, il peut leur infliger des peines plus sévères; mais c'est là que se borne son droit. Il y a excès de pouvoir et violation de la Charte, à faire

en quelque sorte, payer ce qu'elle concède gratuite-
ment : c'est faire un *privilége*, en faveur des riches,
d'un *droit* qui appartient à tous.

Dans l'exposé des motifs, M. le Garde-des-
Sceaux reproduisant des idées plusieurs fois déve-
loppées à la tribune publique, a exagéré l'influence
des journaux : c'est une précaution oratoire, pour
justifier les mesures dont ils sont l'objet.

« Quelque opinion que l'on ait, a-t-il dit, sur le
droit d'établir et de publier des journaux, on ne
peut s'empêcher de reconnaître que la presse périodique est un mode de publication qui doit exciter l'attention particulière du législateur. »

Il ne peut y avoir divergence d'opinions, relativement au droit de publier un journal, puisque ce
droit dérive nécessairement de l'art. 48 de la
Charte, dont les termes n'excluent aucun mode de
publication, en accordant à chacun le droit de publier ses opinions; de telle sorte que, si la presse
périodique doit exciter *l'attention particulière* du
législateur, c'est seulement pour en réprimer les
abus et non pour en paralyser l'usage.

« Un journal, continue le ministre, n'est pas
l'expression de l'opinion d'un seul homme; il parle
chaque jour à des milliers d'auditeurs; il les entre-
tient des affaires publiques, des plus hauts intérêts
de la société... C'est une chaire dont l'enseigne-
ment est quotidien, et retentit d'un bout du
royaume à l'autre; ses rédacteurs exercent une es-

pèce de pouvoir public; leur feuille est habituellement la lecture exclusive d'un grand nombre de
citoyens; elle vient trop souvent interpeller les passions, réveiller les souvenirs, s'efforcer à substituer
d'autres sentimens et d'autres idées aux sentimens
dominans et aux idées reçues; et elle y parvient
fréquemment, par son infatigable persévérance et
l'habile variété de ses insinuations.

» C'est donc bien moins un droit individuel
qu'il s'agit de protéger, dans la publication des
journaux, qu'un *besoin social* qu'il importe de satisfaire. La publicité est *l'âme du gouvernement*
que nous devons à la généreuse sagesse et à la bonté
éclairée de nos rois; et les journaux sont *les instrumens nécessaires* de cette publicité. Sans eux,
elle ne serait qu'un vain nom et qu'une vaine
forme. »

Nous ne voudrions invoquer d'autres considérations que celles que présente le Garde-des-Sceaux,
avec une si énergique précision, pour arriver à une
conséquence toute différente de celle que consacre
le projet de loi; et c'est ici surtout, pour employer
le langage judiciaire, que les *motifs* se trouvent
peu d'accord avec le *dispositif*.

En effet, s'il s'agit à-la-fois d'un *droit individuel*
à protéger et d'un besoin social à satisfaire, pourquoi multiplier les entraves et les difficultés, dans
la publication des journaux ? N'est-ce pas, au contraire, un double motif pour encourager cette pu-

blication, à laquelle se lient à-la-fois des droits privés et des intérêts publics ?

Si, comme le dit avec tant de raison le ministre, la publicité est l'âme de notre gouvernement, n'est-il pas plus raisonnable de la favoriser que de la restreindre ?

Enfin, s'il est vrai que les journaux soient *les instrumens nécessaires* de cette publicité, et que sans eux elle ne soit qu'un vain nom et une vaine forme ; pourquoi, par des précautions injurieuses, par des exigences démesurées , décourager ceux qui voudraient se livrer à des entreprises de ce genre ? Et, comment se fait-il qu'une profession , à laquelle on accorde tant d'importance et d'utilité, devienne la plus périlleuse de toutes ?

Après avoir parlé de nouveau de l'influence des journaux et écrits périodiques ; après avoir dit que « pour eux l'occasion du délit est prochaine, et que quand le délit existe, il est toujours flagrant, » M. le Garde-des-sceaux ajoute :

« La précaution la plus naturelle à prendre contre une action si rapide et si multipliée, c'est d'appeler l'intérêt au secours de la sagesse, et d'assurer d'avance, soit au citoyen blessé dans son honneur, soit à la société, un gage toujours prêt, pour la réparation d'un dommage toujours imminent. De-là, l'établissement des cautionnemens. »

Ainsi, c'est en réalité une sorte de prévention légale qu'on veut établir contre les éditeurs de

journaux; c'est une peine pécuniaire qu'on leur in-
flige par anticipation, non parce qu'ils sont coupables, mais parce qu'ils peuvent le devenir; car on
ne peut se le dissimuler, on éprouve toujours un
préjudice grave à fournir un capital considérable
qui doit demeurer indisponible, tandis qu'on
pourrait l'employer à des spéculations utiles, et
dont le plus souvent il faut faire l'emprunt à des
conditions onéreuses. Par-là, on place hors des
termes du droit commun ceux qui n'exercent qu'un
droit garanti par la Charte, ceux qui en courant
les risques attachés toujours à des entreprises de
ce genre, cherchent à satisfaire un besoin social.

On trouve toujours des prétextes d'intérêt public, pour justifier une mesure quelconque; mais il
faut chercher le motif réel, sous le voile dont on
le couvre.

Le gouvernement n'a pas besoin de cautionnemens, pour assurer le recouvrement des amendes
qui peuvent être prononcées contre les éditeurs
ou les propriétaires de journaux, puisque ces
sortes de condamnations entraînent toujours la
contrainte par corps, et que lorsqu'une amende est
prononcée, il faut la payer ou aller en prison.

Ajoutons, qu'une peine pécuniaire est toujours
une réparation insuffisante de l'atteinte grave qui
serait portée, soit à la société elle-même, soit à un
simple particulier, par une publication coupable;
et peut-être, quand on s'occupera de la révision

de notre législation criminelle, reconnaîtra-t-on qu'il y a quelque chose d'immoral à faire une branche de revenu, pour le Trésor public, des crimes et des délits qui affligent la société.

C'est un but différent que l'on s'est proposé, en soumettant les propriétaires de journaux à des cautionnemens excessifs, et en les astreignant à contracter dans la forme d'une société commerciale.

On a pensé, avec raison, que la difficulté de réunir un capital considérable, la répugnance assez naturelle que des hommes de lettres peuvent éprouver à faire connaître leur participation dans une entreprise à-la-fois littéraire et commerciale empêcheraient la publication de nouveaux journaux, en même temps qu'elles feraient tomber plusieurs des journaux ou écrits périodiques qui existent aujourd'hui.

A cet égard, on a bien raisonné; mais il valait mieux avouer avec franchise le but qu'on se proposait; au lieu de préconiser l'importance et l'utilité des journaux, il fallait dire qu'il y en avait déjà assez, beaucoup trop, peut-être. Plusieurs personnes auraient été de cet avis; et du moins on aurait eu le double mérite d'être vrai, et de présenter des moyens propres à produire les résultats qu'on annonçait.

Loin de là, on trouve une contradiction choquante entre les paroles et les faits. Il y a quelque chose de dérisoire à consacrer en principe que *chacun* peut publier un journal ou écrit périodique, et à présenter aussitôt une série de dispositions telles, qu'il ne sera permis qu'à un bien petit nombre d'exercer, *comme un privilége*, ce qu'on a l'air d'accorder à tous *comme un droit :* c'est comme si l'on disait à quelqu'un : marchez comme vous le voudrez, en même temps qu'on ne lui laisserait la liberté de ses mouvemens que dans un cercle resserré.

Voilà un vice capital, dans le projet de loi, qu'on ne manquera pas sans doute de faire ressortir, lors des discussions auxquelles il va donner lieu. C'est une faveur à-peu-près illusoire, que la dispense d'une autorisation pour publier un journal; car cette autorisation n'était d'ordinaire refusée que pour des motifs très graves; et le droit donné à chacun de publier un journal ou écrit périodique, devient lui-même la vaine consécration d'un principe sans application, à cause des conditions rigoureuses auxquelles on veut soumettre l'exercice de ce droit.

Une seule condition pouvait être raisonnablement exigée, c'était la connaissance donnée à l'autorité, du propriétaire ou de l'éditeur de tout journal, afin que dans le cas où un délit aurait été commis, on pût atteindre à-la-fois et l'auteur du délit, ou celui qui consentait à en être responsable, et le journal ou écrit périodique qui en avait été l'instrument.

Si l'on examine ensuite, dans leur ensemble, la série des articles qui ont pour but de paralyser la disposition de l'art. 1er., on ne peut que s'affliger de ce que le nouveau projet ait encore ajouté aux rigueurs de la législation précédente.

Ainsi, l'art. 1er. de la loi du 9 juin 1819 n'exigeait un cautionnement de 10,000 fr. de rentes, que pour les journaux *quotidiens,* et réduisait le cautionnement à moitié, pour les journaux ou écrits périodiques paraissant à des termes moins rapprochés; tandis que l'art. 2 du projet exige ce cautionnement excessif, même pour les journaux ou écrits périodiques qui paraissent plus d'une fois par semaine, soit à jours fixes, soit par livraisons et irrégulièrement.

La loi de 1819 affranchissait de tout cautionnement les journaux et écrits périodiques exclusivement consacrés aux sciences, aux lettres et aux arts. Ils sont, comme tous les autres, compris dans la disposition du nouveau projet. Seulement l'article 3 veut qu'ils puissent être dispensés du cautionnement, sur la demande de l'une des quatre académies qui composent l'Institut royal, *pourvu qu'ils ne paraissent qu'une fois par semaine ou plus rarement.*

Ainsi ces derniers devront solliciter et obtenir, comme une faveur, ce qui était un droit pour eux, sous l'empire de la législation précédente; et cette faveur ne pourra jamais être accordée aux ouvrages

de ce genre qui paraissent plus d'une fois par semaine, notamment aux journaux judiciaires quotidiens, dont l'utilité a été si généralement reconnue,
pour la propagation des saines doctrines.

D'après la loi du 9 juin 1819 (art. 1er., no. 1),
il suffisait aux éditeurs, ou propriétaires de journaux de faire une déclaration indiquant le nom au
moins d'un propriétaire ou éditeur responsable ;
et cette formalité devait satisfaire à toutes les exigences de l'intérêt public et de l'intérêt privé.

Mais il n'en est pas ainsi, d'après le projet. S'il
y a plusieurs intéressés dans un journal, ils doivent
s'associer, dans l'une des formes prescrites par le
Code de commerce; il doit y avoir un, deux ou
trois gérans ayant la signature sociale (art. 4);
le gérant ou les gérans doivent surveiller et diriger par eux-mêmes la rédaction du journal; chacun doit être propriétaire, au moins, d'une part ou
action dans l'entreprise et d'un quart du cautionnement (art. 5).

On sent qu'il est difficile, pour ne pas dire impossible, de se conformer à cette série de dispositions.

S'il se forme une réunion de propriétaires ou
de capitalistes, pour la publication d'un journal,
il peut arriver qu'aucun d'eux n'ait la capacité ou
l'habitude nécessaire pour en diriger la rédaction.

Si des hommes de lettres s'associent, pour une
entreprise de ce genre, il sera difficile qu'ils puis-

sent réunir le capital nécessaire pour le cautionnement.

Enfin , si l'association se compose d'écrivains et
de capitalistes , il faudra que ceux-ci , pour prix
de la coopération des premiers , leur abandonnent
non seulement une partie des bénéfices du journal
ou ouvrage périodique , mais encore qu'ils leur
transportent la propriété d'une portion considérable du cautionnement.

Les articles 6 et 7 , qui obligent les propriétaires
de journaux à initier les agens de l'autorité dans le
secret de leurs arrangemens particuliers , et à produire toutes les pièces relatives aux conventions
intervenues entre eux , ainsi que l'article 8 , qui
exige que chaque numéro du journal soit signé en
minute par les gérans, ou par l'un d'eux , et que
cette signature soit imprimée au bas de chaque
numéro , contiennent autant de dispositions exor-
bitantes qui n'avaient pas été insérées dans la loi
du 9 juin 1819. La plupart ont été empruntées au
projet de loi présenté l'année dernière; et l'accueil
qui lui fut fait ne permet guère de penser qu'elles
soient adoptées aujourd'hui.

L'article 9 doit donner lieu à une observation
particulière, en ce qu'il étend la disposition de la
loi nouvelle aux journaux et ouvrages périodiques
qui ont pris naissance sous l'empire d'une législation moins rigoureuse.

Si le principe de la non-rétroactivité des lois

doit être respecté , c'est surtout lorsque l'oubli de
ce principe aurait pour résultat de mettre en pro-
blême des droits acquis , et de punir , en quelque
sorte , ceux qui avaient eu confiance dans les pro-
messes du législateur.

A l'égard des journaux politiques quotidiens ,
l'obligation de se conformer à la loi nouvelle
peut entraîner des inconvéniens graves , relativement à la fixation des droits des divers intéressés ,
à la nécessité de rendre publics des arrangemens
destinés à demeurer secrets, et de soumettre à la
juridiction commerciale de simples particuliers
qui avaient mis en commun leurs talens et leurs
capitaux.

Mais à l'égard des journaux et ouvrages périodiques consacrés aux sciences , aux lettres ou aux
arts, l'inconvénient est beaucoup plus grave encore;
puisqu'on veut subordonner leur existence à une
condition onéreuse , qui ne leur avait pas été im-
posée, lors de leur création.

L'adoption du nouveau projet de loi équivau-
drait à un arrêt de mort , pour la plupart d'entre
eux. Des savans , des hommes de lettres, ont consacré leurs talens à la publication d'ouvrages périodiques ou de journaux qu'ils croyaient utiles aux
progrès de la science ou de l'art qu'ils professent ;
ils se sont même déterminés, par ce motif honorable , à soutenir par leurs capitaux une entreprise dont on ne peut attendre quelques fruits

qu'avec du temps et de la persévérance ; le moment approchait peut-être où ils allaient recueillir le prix de leurs efforts de tout genre : et tout-à-coup, on veut les astreindre à un cautionnement de 100 ou 200,000 francs, qu'il leur est impossible de fournir ! Peut-on leur infliger ainsi la peine de l'incertitude de nos hommes d'État, et consommer leur ruine, parce que le ministère d'aujourd'hui ne veut plus ce que voulait le ministère de la veille ?

La certitude qu'ils n'auraient à fournir d'autres capitaux que ceux que nécessitait l'exploitation du journal a pu seule les déterminer à courir les chances d'une entreprise déjà trop périlleuse par elle-même ; et quand tous les sacrifices ont été faits, on veut qu'ils soient entièrement perdus pour eux, en subordonnant l'existence du journal à une condition que les propriétaires se trouvent hors d'état de remplir.

Ce n'est pas tout encore : des contrats valablement formés sous l'empire d'une législation antérieure, vont être violemment anéantis.

Plusieurs personnes s'étaient réunies, comme actionnaires ou associés commanditaires, pour l'exploitation d'un journal ; elles avaient traité avec un gérant chargé de tous les soins de l'entreprise, sans mise de fonds, moyennant un traitement fixe, ou une part dans les bénéfices.

D'après la loi nouvelle, le gérant devrait fournir personnellement le quart du cautionnement, ou justifier qu'il est propriétaire de biens libres de toutes hypothèques, d'un revenu de 500 francs au moins : la personne préposée à la direction du journal se trouvant hors d'état de remplir cette condition, il sera indispensable d'annuler dès-lors l'association formée entre elle et les actionnaires, lors même que ceux-ci auraient les moyens et la volonté de fournir le cautionnement exigé.

La justice et la raison repoussent un tel système : et la loyauté bien connue du ministre qui a présenté le projet de loi, ne permet pas de supposer qu'il en ait calculé toutes les conséquences.

Fixons maintenant notre attention, sur les dispositions pénales du nouveau projet de loi; et ici encore, il nous semble que ses rédacteurs ne sont pas à l'abri de tout reproche.

Nous commencerons par reconnaître qu'il convient de prononcer des peines sévères contre les crimes et les délits de la presse, à cause des conséquences fâcheuses qui peuvent en résulter; et à cause de la perversité qu'ils supposent d'ordinaire dans celui qui s'en rend coupable, lorsqu'il abuse d'un droit que la Charte lui accorde, soit pour diffamer de simples particuliers, soit pour attaquer des personnes ou des institutions qui se recommandent à notre respect.

Mais pour que l'application de peines sévères ne

pût donner lieu à aucune réclamation légitime, il faudrait le concours de deux circonstances :

La première, que la liberté de la presse périodique ou non périodique, fût franchement proclamée; que chacun pût librement publier son opinion, même dans un journal ou écrit périodique, sans qu'aucune condition préalable fût exigée pour sa publication.

Alors, sans doute, le gouvernement serait fondé à dire aux écrivains et aux éditeurs de journaux : je vous accorde, avec toute la latitude possible, et sans aucune restriction, cette liberté de la presse, que la Charte a elle-même consacrée, comme un de nos droits constitutionnels les plus précieux; mais vous l'exercerez à vos risques et périls. Si la paix publique est menacée; si de simples particuliers sont diffamés dans vos écrits; en un mot, si l'intérêt public ou l'intérêt privé sollicite une réparation de l'atteinte que vous lui aurez portée, elle sera pleine et entière ; la peine prononcée contre vous sera d'autant plus sévère que vous aurez abusé d'une institution utile, pour en faire une occasion de trouble ou de scandale.

On le répète : nul ne pourrait alors se plaindre; car, si tous les bons esprits demandent la liberté de la presse, ils demandent aussi la répression sévère de ses écarts.

L'affranchissement de toute condition et formalité préalable pour la publication d'un journal (sauf l'indication du nom de son propriétaire ou éditeur responsable), offrirait d'ailleurs cet avantage, qu'on n'aurait pas à établir une première série de peines, pour l'inaccomplissement de ces formalités et conditions; et qu'on ne punirait que ce qui serait réellement coupable, la publication de l'écrit qui motiverait de justes plaintes, soit de la part des agens de l'autorité, soit de la part d'un citoyen attaqué dans son honneur.

La seconde circonstance qui pourrait faire excuser la sévérité des peines, ce serait la définition bien exacte des crimes et délits de la presse. Quand une disposition pénale est appliquée à un fait constant et bien caractérisé, on peut blâmer dans la théorie, soit la sévérité, soit l'excessive indulgence de la loi; mais celui qui s'est rendu coupable du crime ou du délit prévu, ne peut se plaindre lui-même de la peine qui lui est infligée, puisqu'il savait que le fait dont il s'est rendu coupable devait donner lieu à son application.

Nous sentons, et nous reconnaissons de bonne foi, que de sérieuses difficultés se présentent ici. Quelques personnes pensent que les crimes et délits de la presse se trouvent suffisamment prévus et définis dans le Code pénal: nous ne partageons pas leur opinion.

En effet, on trouve dans ce code, un article (c'est l'art. 102), qui considère comme coupables de crimes et complots contre le chef de l'état et la

paix publique : « ceux qui, soit par des discours
tenus dans des lieux ou réunions publics, soit par
des placards affichés, soit par des écrits imprimés,
auront excité les citoyens ou habitans à les commettre. »

« Néanmoins (ajoute cet article), dans le cas
où lesdites provocations n'auraient été suivies d'aucun effet, leurs auteurs seront simplement punis
du bannissement. »

Ensuite, une section spéciale de ce code (art. 197
jusqu'à 208), a pour objet de réprimer les trou-
bles apportés à l'ordre public, par les ministres du
culte, dans l'exercice de leurs fonctions. Des peines
plus ou moins graves sont prononcées, par divers
articles de cette section, pour le cas où les ministres
du culte se seraient rendus coupables de critiques,
censures ou provocations dirigées contre l'autorité
publique, dans un discours ou dans un *écrit
pastoral.*

A cette époque, la censure constituait en quelque
sorte le régime légal ; et le législateur avait dû
prendre peu de précautions, pour réprimer les délits de la presse ; puisque l'autorité avait les moyens
de les prévenir, en empêchant la publication de
tout ouvrage qui pouvait lui déplaire. Les lettres
pastorales des ministres du culte pouvant être im-
primées, sans être soumises à la censure préalable,
elles avaient dû être l'objet de dispositions spéciales.

Enfin, l'on connaît les dispositions du Code pénal (art. 367 et suivans), sur la calomnie, les injures et révélations : elles sont évidemment incomplètes ; puisqu'elles autorisent la publication des faits les plus graves, contre de simples particuliers, lorsque ces faits peuvent être *légalement prouvés*. La simple diffamation, souvent funeste à celui qui en est l'objet, et qui par une conduite récente a pu faire oublier d'anciens torts, signale toujours la perversité de son auteur ; et la loi ne pourrait la laisser impunie.

Il ne faut donc pas, sur cette matière, s'en référer aux dispositions du Code pénal. Sous l'empire de la censure, ce n'était, en quelque sorte, que furtivement que l'on pouvait imprimer un écrit quelconque ; et l'importance que l'on attachait à la publication, pouvait seule faire surmonter les difficultés et les obstacles dont on se trouvait pour ainsi dire enveloppé. Le législateur avait alors supposé que c'était seulement dans le but d'organiser un complot ou d'exciter la guerre civile, qu'on pouvait chercher à mettre en défaut la surveillance de la censure ; et ce crime capital était à-peu-près le seul dont il avait voulu s'occuper.

Lorsque la liberté de la presse est enfin consacrée, non plus comme une abstraction, mais comme un droit que chacun est admis à exercer, il faut compléter la législation qui doit la régir, non dans un système préventif, ou pour subordonner à des conditions quelconques, l'exercice de ce droit constitutionnel, mais pour mettre en œuvre la seconde partie de l'article 48 de la Charte, c'est-à-dire, pour combiner un ensemble de dispositions législatives, ayant pour but de réprimer les abus de cette liberté.

Deux parties bien distinctes doivent ainsi composer cette législation spéciale.

Dans la première, il faut se borner à reproduire les principes consacrés par la Charte, et proclamer franchement la liberté qu'a chacun de publier ses opinions, soit dans un ouvrage, proprement dit, soit dans un journal ou écrit périodique, à la seule condition de se nommer et de désigner aussi l'imprimeur chargé de la publication.

Dans la seconde, il faut caractériser avec soin les crimes et délits qui peuvent être commis par la voie de la presse, et déterminer les peines dont ils sont passibles, en laissant une certaine latitude aux magistrats chargés d'en faire l'application ; car en cette matière surtout, une foule de circonstances diverses peuvent atténuer ou aggraver le fait qui sert de base à la prévention.

Tel était le projet de loi que nous attendions du nouveau ministère, après tant d'essais malheureux faits jusqu'à ce jour. Nos espérances ont été déçues. D'une part, le projet de loi proposé, n'est pas à proprement parler, le code pénal de la presse, mais seulement celui de la presse périodique d'autre part, pour la classification des délits et des crimes, il s'en réfère à la loi du 17 mai 1819, dont les dispositions incomplètes ouvrent une si large carrière au système des interprétations.

Long-temps encore, sans doute, on discutera sur le véritable sens des mots *provocation*, *attaque* directe ou indirecte, employés dans la rédaction de cette loi ; cependant la justice pourra condamner ou absoudre les mêmes faits, quelquefois peut-être les mêmes expressions, suivant l'habileté de l'attaque ou de la défense.

Ne pourrait-on pas dire aux écrivains : voilà telle proposition, tel principe, tel dogme, sur lequel il ne vous est pas permis d'établir la controverse : hors de ce cercle, la discussion est entièrement libre..... Ensuite, parcourrez la série des crimes et délits, soit contre l'État, soit contre les simples particuliers ; vous en deviendrez les complices, si vous excitez ou provoquez les citoyens à les commettre ; et la provocation, même non suivie d'effet, pourra constituer seule un délit à votre égard.

Une législation répressive établie sur de telles bases, laisserait peu de prise à l'arbitraire ; et c'est là le résultat que l'on doit essentiellement se proposer en matière criminelle.

Après ces considérations générales, examinons rapidement quelques articles de la seconde partie du projet.

Ne trouve-t-on pas une sévérité excessive dans l'article 10, qui, dans le cas où une fausse déclaration a été faite, prononce la suppression du journal ou écrit périodique, et en outre une amende dont le *minimum* doit être d'une somme égale au quart du cautionnement, et dont le *maximum* peut s'élever au montant total de ce cautionnement ?

L'article n'indique pas sur quel point la déclaration doit être fausse, pour entraîner l'application d'une telle peine.

Ainsi, qu'il y ait eu une indication fausse ou erronée du titre du journal ou écrit périodique ; qu'on n'ait pas désigné exactement dans la déclaration le nom de tous les propriétaires, leur demeure, ou la part de chacun d'eux dans l'entreprise ; qu'il y ait erreur ou omission, dans l'indication du nom et de la demeure des gérans-responsables ; qu'on ait affirmé à tort et même par ignorance, que tous les propriétaires réunissaient les conditions de capacité prescrites par la loi ; qu'on n'ait pas indiqué l'imprimerie dans laquelle le journal ou écrit périodique devait être imprimé ; ou même qu'on ait changé d'intention, à cet égard, depuis la déclaration, sans qu'on ait songé à la rectifier par l'indication du nouvel imprimeur..... Une seule de ces circonstances suffira pour motiver l'application rigoureuse de l'article 10.

Dans aucun de ces cas cependant, l'intérêt public et l'intérêt privé n'ont souffert aucune atteinte; il n'existe pas, à proprement parler, de crime ou de délit, mais une simple contravention, la violation d'une disposition réglementaire, qui dans les termes du droit commun, ne pourrait autoriser que la suspension du journal, comme illégalement publié, et l'application de peines de simple police.

Il n'y a donc aucune proportion entre le fait lui-même et la peine qu'on lui applique; lorsqu'en prononçant la suppression du journal, l'art. 10 du projet y ajoute une amende telle que nulle loi pénale n'en prononce de semblable, une amende dont le minimum est fixé à 5o,ooo fr. et qui peut s'élever jusqu'à 2oo,ooo fr.

L'art. 13 présente une latitude vraiment effrayante, sur la quotité de la peine pécuniaire, relativement aux délits de la presse périodique; puisqu'il veut que les condamnations soient prélevées d'abord sur la portion du cautionnement appartenant au gérant responsable (et cette portion ne peut être moindre du quart, d'après l'art. 5), ensuite sur le reste du cautionnement, dans le cas où celle-ci serait insuffisante.

« Sans préjudice, *pour le surplus* (ajoute l'article); des peines établies par l'art. 3 de la loi du 9 juin 1819. »

Si l'on se reporte à ce dernier article, on y remarque la disposition suivante , pour completer celle qui affecte le cautionnement, par privilége, aux dépens, dommages-intérêts et amendes : — « En cas d'insuffisance, il y aura lieu à recours solidaire sur les biens des propriétaires ou éditeurs déclarés responsables, du journal ou écrit périodiques, et des auteurs et rédacteurs des articles, condamnés. »

Ainsi, l'on peut avec raison adresser un premier reproche à l'art. 13 du projet, motivé sur l'extension étrange qu'il suppose pouvoir être donnée aux condamnations pécuniaires ; puisqu'il prévoit le cas où la totalité du cautionnement serait insuffisante pour acquitter ces condamnations ; et cependant ce cautionnement est fixé à 50,000 fr. pour les ouvrages périodiques qui paraissent une fois par mois ; à 100,000 fr. pour ceux qui paraissent une fois par semaine ; à 200,000 fr. pour ceux dont les publications sont plus rapprochées, ainsi que pour les journaux quotidiens.

Mais un reproche bien autrement grave, dont cet article peut être l'objet, c'est la solidarité qu'il établit, même à l'égard de ceux qui sont exempts de toute participation au délit.

On conçoit que deux personnes puissent quelquefois être punies pour le même fait : par exemple, l'auteur d'un article déclaré coupable, et celui qui en a fait l'insertion dans un journal ou écrit périodique ; car le fait de la publication, personnel à ce dernier, constitue la complicité telle qu'elle est caractérisée par le Code pénal.

Il ne saurait en être ainsi, relativement aux propriétaires étrangers à la gestion; et lorsqu'on veut les atteindre, même subsidiairement, par des condamnations prononcées contre les gérans, on ne voit plus pour quel motif on oblige les associés à choisir entre eux un ou plusieurs gérans; et pourquoi on exige que ces derniers soient propriétaires du quart du cautionnement.

Le rapprochement des divers articles du projet, sur ce point, conduit à une contradiction vraiment choquante. D'une part, les propriétaires qui n'ont pas la qualité de gérans, doivent demeurer étrangers à la rédaction du journal ou écrit périodique; d'autre part, ils sont responsables des poursuites auxquelles cette rédaction peut donner lieu, non seulement sur la portion du cautionnement, qui leur appartient, mais encore sur leurs biens personnels.

En lisant l'art. 14 du projet, on est porté à croire qu'il a été rédigé dans un esprit d'hostilité contre les journaux, dont M. le garde-des-sceaux a fait pourtant un si pompeux éloge, dans son discours à la Chambre des députés.

Est-il vrai que les délits commis par la voie de la presse périodique, soient plus dangereux dans leurs conséquences, que ceux dont un écrivain peut se rendre coupable, en publiant un ouvrage quelconque?

Pour soutenir l'affirmative, on peut dire que les journaux ont beaucoup plus de lecteurs que les ouvrages les plus répandus : mais on peut dire aussi, en faveur d'une opinion contraire, que l'im-pression qu'ils produisent est passagère et fugi-tive; que l'article du jour fait d'ordinaire oublier l'article de la veille; que d'ailleurs on attache en général moins de poids à ce qu'on lit dans un journal, toujours soumis à l'influence des circons-tances contemporaines, qu'à ce qui est consigné dans un ouvrage composé avec réflexion, et qui pourra se trouver plus tard dans toutes les biblio-thèques, s'il a été accueilli par l'opinion publi-que.

Dans le premier cas, l'attaque ou la diffamation est plus active, et plus généralement répandue. Dans le second, elle laisse des traces plus profondes et plus durables.

Quoi qu'il en soit, l'art. 10 de la loi du 9 juin 1819 laissait à cet égard un pouvoir discré-tionnaire aux magistrats, en *leur permettant* d'éle-ver les amendes au double, pour les délits commis par la presse périodique; mais le rédacteur du nou-veau projet semble avoir craint leur indulgence: car il veut, dans l'art. 14, que les amendes encou-rues pour délit de publication, par la voie d'un journal ou écrit périodique, ne *soient jamais moin-*

dres du double du MINIMUM fixé par les lois relatives à la répression des délits de la presse.

Le cas de la récidive avait été prévu par l'art. 10 de la loi du 9 juin 1819; et il s'était montré sans doute assez sévère, en ordonnant que les amendes seraient portées dans ce cas au quadruple, sans préjudice des peines de la récidive, prononcées par le Code pénal (le *maximum* de la peine d'emprisonnement).

Cette double aggravation de peines n'a pas semblé suffisante aux rédacteurs du nouveau projet: et l'art. 15 renchérit de beaucoup sur la loi précédente, en autorisant les tribunaux, 1°. à déclarer le gérant responsable, incapable de s'immiscer à l'avenir dans la gestion d'aucun journal (et cette sorte d'incapacité ou d'indignité relative, lorsqu'il ne s'agit pas d'une fonction publique, ou des droits civils et de famille, est une innovation bizarre dans notre législation criminelle); 2°. à prononcer la suspension du journal, ou écrit périodique, pour un temps qui ne pourra excéder trois mois, ni être moindre d'un mois.

Et comme cette dernière disposition pourrait être illusoire, puisque, à l'instant même où la suppression serait ordonnée, les propriétaires auraient, aux termes de l'art. 1er. du projet, la faculté de faire paraître un nouveau journal, en présentant un autre gérant responsable; l'article a le soin d'ajouter que pendant la durée de la suspension, le cautionnement continuerait à demeurer en dépôt à la caisse des consignations, et ne pourrait recevoir aucune autre destination.

Au milieu des nombreuses dispositions du projet, qui peuvent donner lieu à une juste critique, nous nous félicitons de signaler deux articles qui doivent obtenir l'approbation générale.

Tous ceux qui défendent nos droits constitutionnels, et notamment la liberté de la presse, comme le *palladium* de toutes les libertés légales, déplorent les abus de la licence; et ils approuveront les mesures qui auront pour résultat de prévenir le scandale des diffamations publiques.

Ainsi, c'est avec raison que les art. 16 et 17 du projet interdisent aux journaux et écrits périodiques, 1°. de publier les faits de diffamation, et de donner des extraits des mémoires qui les contiendraient, quand les débats judiciaires ont eu lieu à huis clos, conformément à l'art. 64 de la Charte; 2°. de donner aucune publicité aux faits diffamatoires étrangers au procès, et à l'occasion desquels le tribunal, saisi de la contestation, aurait réservé l'action publique, ou l'action civile des parties intéressées.

Vainement prétendrait-on que cette prohibition est une atteinte à la liberté de la presse; on répondrait avec avantage, surtout relativement au premier de ces deux cas, que les considérations graves qui ont déterminé l'exception apportée par la

Charte, au principe qui consacre la publicité des débats, en matière judiciaire, sont également de nature à apporter une légère restriction à la liberté de la presse.

D'ailleurs, la liberté de la presse n'a pour objet que de donner la plus grande publicité possible à tout ce qui, par sa nature, ne doit pas demeurer secret, et quand, d'après des motifs graves, les tribunaux ordonnent un huis-clos, pour des débats d'une certaine nature, on s'expose à de justes reproches, en donnant une publicité fâcheuse à des débats inconvenans ou scandaleux.

Enfin, le principe de la liberté de la presse est encore respecté, dans de semblables circonstances, sous ce rapport, qu'aucune mesure préventive n'est prescrite, pour empêcher les rédacteurs de journaux ou écrits périodiques, de publier les faits diffamatoires révélés aux débats; et qu'on se borne à leur infliger une peine, quand ils se sont réellement rendus coupables d'une infraction à la loi qui le leur défendait.

En terminant cet examen du nouveau projet de loi, nous exprimerons nos regrets, de ce qu'on n'y a pas renouvelé la disposition qui avait attribué au jury la connaissance des crimes et délits de la presse.

L'art. 13 de la loi du 26 mai 1819, s'exprimait en ces termes : — « Les crimes et délits commis par la voie de la presse ou tout autre moyen de publication, à l'exception de ceux désignés dans l'article suivant, seront renvoyés par la Chambre des mises en accusation de la Cour royale, devant la Cour d'assises, pour être jugés à la plus prochaine session. »

L'exception consacrée par l'article suivant n'était relative qu'à des délits de diffamation ou d'injure contre de simples particuliers, et dont la poursuite ne pouvait avoir lieu que sur leur plainte.

Ainsi, dans les crimes et délits graves, commis par la voie de la presse, dans tous ceux dont la poursuite pouvait avoir lieu d'office, à la requête du ministère public, les prévenus jouissaient du droit d'être jugés par des jurés.

La loi du 25 mars 1822 a détruit ce principe tutélaire.

Par son art. 17 (qui n'existait pas dans le projet originaire) le jugement des délits de la presse a été attribué aux tribunaux correctionnels, et sur l'appel, aux cours royales : seulement, comme pour donner plus de solennité aux débats, l'article a exigé la réunion de la première chambre civile avec la chambre de police correctionnelle.

On a toujours senti que la liberté de la presse devait être protégée par l'institution du jury; et sans reproduire ce qui a été écrit par tous les publicistes sur cette matière importante, il suffira de présenter quelques considérations.

En matière civile, les traditions qui se perpé-
tuent dans les corps de la magistrature, deviennent des motifs de sécurité pour les justiciables ;
car elles tendent à fixer la jurisprudence sur des
questions qui étaient incertaines.

Il n'en est pas ainsi, dans les matières crimi-
nelles, surtout lorsqu'il s'agit de délits de la
presse. Comme les circonstances contemporaines
doivent toujours influer sur la moralité du fait, des
opinions arrêtées sont ici toujours dangereuses.

Sous ce premier rapport, le jury offre plus de garanties à l'intérêt privé et à l'intérêt public lui-
même; comme il est formé d'élémens qui ne se
trouveront plus réunis, l'esprit de corps ne peut
jamais s'y établir ; il ne fonde pas des doctrines,
mais il juge le fait qui lui est soumis.

D'un autre côté, les passions politiques se mê-
lent toujours à des discussions de ce genre : à moins
qu'il ne s'agisse d'une de ces attaques grossières et
inconvenantes, dont heureusement nous avons vu
peu d'exemples, il est peu d'articles incriminés qui
ne trouvent des apologistes, aussi bien que des ac-
cusateurs.

N'est-il pas à craindre que la dignité et l'indé-
pendance de la magistrature ne reçoivent quelqu'atteinte, dans cette lutte d'opinions contraires ?
Si elle se montre sévère, on ne manquera pas de
la signaler comme l'instrument du pouvoir : si elle

est indulgente, on lui reprochera de chercher une vaine popularité.

Dès-lors il est préférable, sous ce second rapport, et dans l'intérêt de la magistrature elle-même, de rétablir le jugement par jurés, qui est en quelque sorte celui de la société elle-même.

Enfin les magistrats peuvent ne pas être toujours désintéressés, dans des débats de ce genre. La liberté de la presse, qui permet la discussion des lois, des ordonnances, c'est-à-dire, des actes émanés de l'autorité législative et du pouvoir exécutif, peut s'exercer aussi sur les jugemens et les arrêts des tribunaux et des cours. Dans de semblables circonstances, le prévenu n'a-t-il pas à craindre un excès de sévérité; ou plutôt, la société elle-même un excès d'indulgence, par cela seul que les magistrats deviennent juges dans leur propre cause?

Ces considérations que nous nous abstenons de développer paraissent décisives, pour placer la connaissance des délits de la presse dans les attributions du jury. Aussi à diverses époques nos ministres et nos hommes d'état ont eux-mêmes consacré cette doctrine.

M. de Serre, alors Garde-des-Sceaux, l'établit de la manière la plus lumineuse, en présentant la loi du 26 mai 1819.

Voici quelques passages de son discours :
« Lorsqu'on a voulu donner une plus grande ga-

rantie à de plus grands intérêts compromis, on l'a cherchée dans l'institution du jury...

» Dans les délits de la presse, il s'agit d'une question morale, il est vrai, mais de la question morale la plus simple, la plus à portée de tous les hommes pourvus d'un bon sens et d'une bonne foi ordinaire : *Tel écrit peut-il nuire? L'auteur a-t-il eu l'intention de nuire?* Voilà toutes les questions auxquelles le jury, juge des délits de publication, est appelé à répondre. Ses propres impressions garantissent au juge celles du public; et la loi vérifie par l'impression, par le sentiment du juré, l'impression, l'effet que l'écrit incriminé a produit ou aurait pu produire sur le public.

» Un gouvernement qui ne trouverait aucun appui dans le jury, n'en trouverait incontestablement aucun dans la nation.

» Le maintien du jury, dans tout ce qui touche au droit constitutionnel de publier ses opinions, est la garantie que les dispositions sévères de la loi seront appliquées avec efficacité, avec équité et avec impartialité. »

Lors de la discussion de la loi de 1822, qui enlevait à la presse la garantie du jury, M. de Villèle lui-même s'exprimait ainsi : « Je suis convaincu qu'en principe, et en conséquence de nos institutions, nous serons plus tard amenés à remettre au jury le jugement des délits de la presse, comme étant l'autorité la moins dépendante du gouvernement et de toute espèce d'influence.

« Dans le moment actuel, ajoutait-il, si nous vous proposions de remettre au jury le jugement des délits de la presse, on nous répondrait, et on l'a dit souvent : les jurés..... c'est vous qui les nommez. »

Pourquoi cette époque annoncée par le président de l'ancien ministère, ne serait-elle pas arrivée aujourd'hui ? Pourquoi les ministres actuels ne nous donneraient-ils pas des réalités, à la place de ces espérances, ou plutôt de ces illusions que nous présentaient sans cesse leurs prédécesseurs ? Grâce à la sagesse de la Chambre des pairs, l'institution du jury s'est améliorée, et l'on ne peut plus dire aux dépositaires du pouvoir : c'est vous qui nommez les jurés.

Enfin , M. de Portalis , rapporteur de la loi du 25 mars 1822 , s'exprimait ainsi à la Chambre des pairs : « Votre commission pense que dans le cas où une plus longue expérience fera juger que des changemens sont nécessaires dans l'institution des jurés , il sera temps d'examiner les considérations qu'on a alléguées pour établir la convenance de renvoyer aux cours d'assises la connaissance des délits de la presse. La faveur qui est due à l'institution des jurés, le désir qu'on aura toujours dans cette enceinte, de donner aux garanties constitutionnelles tous les développemens qu'elles sont susceptibles de recevoir, nous garantissent que la Chambre partagera cette opinion. »

C'est au ministre à réaliser ce que promettait le pair de France, en rendant au jury les attributions que lui avait confiées la loi du 26 mai 1819.

Une autre disposition également importante de la loi du 26 mai 1819, a été rapportée par la loi du 25 mars 1822 ; et c'est encore le résultat d'un article improvisé, lors de la discussion.

L'article 20 de la première de ces lois, est ainsi conçu : « Nul ne sera admis à prouver la vérité des faits diffamatoires, si ce n'est dans le cas d'imputation, contre les dépositaires ou agens de l'autorité, ou contre toutes personnes ayant agi dans un caractère public, de faits relatifs à leurs fonctions. Dans ce cas, les faits pourront être prouvés par-devant la cour d'assises, par toutes les voies ordinaires, sauf la preuve contraire par les mêmes voies.

» La preuve des faits imputés met l'auteur de l'imputation à l'abri de toute peine, sans préjudice des peines prononcées contre toute injure qui ne, serait pas nécessairement dépendante des mêmes faits. »

Cette distinction est extrêmement sage. On l'a dit avec raison, la vie privée d'un citoyen doit être *murée*, tandis que le fonctionnaire public doit toujours être prêt à justifier les actes qui lui sont imputés. La publicité donnée à des faits honteux ou criminels , dont un simple particulier se serait rendu coupable , est presque toujours un scandale inutile : aucun motif d'intérêt public ne peut faire dans ce cas excuser la diffamation.

Au contraire, à l'égard des dépositaires ou agens. de l'autorité, la publication d'un fait diffamatoire peut avoir ce résultat, d'avertir le gouvernement lorsque le cas est grave , que le fonctionnaire public a perdu sa confiance ; de rendre le fonctionnaire public lui-même plus circonspect , lorsque les torts qu'il a eus ne sont pas de nature à lui faire encourir la suspension ou la destitution ; enfin , d'éclairer les citoyens sur les actes illégaux ou arbitraires auxquels ils peuvent être en butte.

Dans de telles circonstances , il est également, contraire à la justice et à l'intérêt public, de punir celui qui aurait publié des faits de cette nature ; et c'est avec raison que la loi du 26 mai 1819 l'admettait à en faire la preuve, lorsqu'il était poursuivi pour diffamation.

Quand la loi du 25 mars 1822 fut présentée à la Chambre des députés, on y ajouta un article ainsi conçu : (c'est le 18e. et dernier.)

« En aucun cas, la preuve par témoins ne sera admise, pour établir la réalité des faits injurieux ou diffamatoires. »

Vainement, plusieurs nobles pairs réunirent leurs efforts pour combattre cet article; ils le signalèrent comme portant atteinte au droit sacré

de la défense , et comme contraire à l'honneur des
fonctionnaires publics que l'on avait voulu protéger; puisque, après avoir fait condamner l'auteur
de la diffamation , chacun pourrait croire encore
à la vérité des faits qui leur étaient imputés : la loi
n'en fut pas moins adoptée, avec les deux amendemens qui viennent d'être indiqués.

Cette loi du 25 mars 1822 est , en quelque sorte,
le complément de celle du 17 du même mois ; et
puisque le projet présenté à la Chambre prononce
l'abrogation de cette dernière loi , il semblait convenable d'étendre sa disposition à celle du 25 mars
qui a enlevé à la liberté de la presse ses deux garanties les plus rassurantes, le jugement par jurés,
et le droit de repousser la plainte en diffamation
d'un fonctionnaire ou agent de l'autorité, par la
preuve des faits à lui imputés.

Sous l'empire de cette législation de 1822, qui nous
régit encore aujourd'hui , les dépositaires de l'autorité publique se trouvent investis d'une sorte d'invio-
labilité; et le citoyen dont ils ont compromis la
fortune ou les droits civils, non seulement éprouve
des obstacles insurmontables, lorsqu'il veut obtenir justice contre l'arbitraire ; mais encore on lui
interdit la plainte, ce dernier dédommagement de
tous ceux qui souffrent.

En effet, s'il veut dénoncer aux tribunaux des
actes injustes et arbitraires dont il a été la victime,
il a besoin de l'autorisation préalable du conseil-

d'état ; cette autorisation peut lui être refusée, ou ne lui être accordée qu'après beaucoup de délais, qui la rendent souvent inutile ; et la difficulté d'obtenir justice fait souvent qu'on s'abstient de la demander.

Dans une position semblable, si le citoyen qui a à se plaindre des agens de l'autorité, consigne ses justes griefs dans un écrit imprimé, on le fera condamner, comme coupable de diffamation, quoique la vérité des faits par lui articulés soit incontestable.

Il convient de mettre un terme à de tels abus, par un retour aux vrais principes.

Le nouveau ministère justifiera la confiance du monarque et de la nation, en substituant à ces lois transitoires et d'exception, qui semblaient toujours improvisées pour les circonstances, des lois qui ne seront que le développement des grands principes posés par la Charte.

Son premier essai n'a pas été heureux sans doute ; et le projet de loi sur la presse périodique semble sorti des cartons du précédent ministère : espérons que les discussions solennelles auxquelles il va donner lieu dans les deux chambres, feront disparaître une foule de dispositions dont l'effet doit paralyser les deux principes tutélaires qu'il consacre : le droit pour chacun de publier sans autorisation un journal ou écrit périodique ; et l'abolition de la censure préalable.

Nous avons exprimé notre opinion avec une entière franchise : si c'est un devoir pour tous d'obéir à la loi quand elle est rendue, c'est un droit pour chacun d'en signaler les vices, quand elle n'existe encore qu'en projet.

FIN.